Minuscule traité acide de spiritualité

18, rue Barbès, 92128 Montrouge Cedex
ISBN : 978-2-227-48188-6

Maurice Bellet

Minuscule traité acide de spiritualité

bayard

Préface

Voici un bien curieux ouvrage, qui paraît manquer aux règles élémentaires de la bonne composition. Le lecteur pressé n'y verra que le ficelage étonnant de trois ou quatre textes totalement disparates, avec des ruptures de ton discordantes.

Aussi convient-il, à ce texte, de rencontrer le lecteur lent, qui sans hâte se promène à travers les mots et voit se dessiner un paysage étrange.

Car il est vrai qu'il y a de l'étrangeté là-dedans, comme si le sérieux s'y mêlait au bouffon et le rire à la tragédie. Mais quoi, n'est-ce pas l'humanité qui va de cette allure-là ?

On sépare trop. On ne veut voir que du sérieux dans le sérieux, ce qui laisse au-dehors ce sel si précieux de l'humour, qui donne même aux choses fortes un goût d'humilité. On ne voit dans le rire qu'une gaieté fade et sans âme, alors que la vraie gaieté est au cœur du très essentiel. On veut, pour les choses graves, le ton solennel ; ou bien, au contraire, le ton ardent, vif, de la douleur et de la joie. Mais les deux façons sont façons humaines de dire et, à les entendre avec justesse, elles se répondent.

Quant au mot « spirituel », il pâtit, ou jouit, d'une équivoque étonnante : il désigne à la fois ce qui est drôle, avec si possible une pointe d'acidité, et ce qui relève de la spiritualité, pensées élevées et élans de piété. Mélanger les deux peut paraître indécent.

Mais il doit être permis de transgresser le bien-disant. Il arrive qu'à force d'être « comme il faut », le discours bien fait étouffe ce qu'il dit dans un édredon meurtrier. Perçons cette molle cuirasse ! Et du coup, laissons au lecteur le gai pouvoir de dire à son tour ce qui lui plaît, sans se sentir contraint à un échange de politesses.

Ami(e) qui me fais l'honneur de me lire, sache en tout cas que je ne dis en ces pages qu'une seule chose. Et si je joue ma petite musique sur un large clavier, c'est pour que cette chose-là ne paraisse pas comme enfermée dans une boîte, fût-elle grande et enrubannée.

Et quelle chose, me direz-vous ?

Je ne la nommerai pas. Ce serait vouloir la tenir entre mes mains, alors qu'elle s'envole, comme un oiseau quand la cage s'ouvre. C'est plutôt comme un parfum ; ou comme le goût d'une nourriture hardiment mélangée ; ou comme une musique – allegro vivace, adagio, allegro – où chaque mouvement a son tempo, son thème et même sa tonalité propre.

Il y a dans nos paroles, quand vraiment nous parlons, quelque chose de plus que ce que disent les mots : c'est cette façon d'être ensemble où commence l'humanité. Mais les mots sont porteurs (si tout va bien) de ce message-là.

Je ne dis qu'une seule chose, douce et amère, mais où la divine douceur est finalement le goût profond et essentiel. Et c'est une pure invitation à vivre, hors des tristesses meurtrières.

Il y aura donc quatre parties aussi dissemblables qu'on peut le rêver.

La première est le propos, imaginaire sans doute, d'un homme d'Église à très haute responsabilité, qui dans le style propre à sa fonction s'efforce de penser la situation présente de la foi, ce qu'elle exige, ce que les croyants peuvent y faire.

La deuxième envisage des situations douloureuses, critiques, désespérées pour témoigner d'une espérance qui peut survivre ou revivre jusque dans l'horreur.

La troisième est une parabole : il y est question d'un voyage, où s'évoque ce qui peut être aujourd'hui, dans la condition présente, la Voie où l'être humain s'initie à cet amour premier qui est le plus-que-nécessaire.

La quatrième, enfin, est une suite de plaisanteries, mais dont les arrière-pays sont redoutables, en sorte que chacune (ou presque) pourrait servir de thème à une bonne et brave session où l'on oserait casser la fameuse « langue de bois »... ou de buis.

Maurice Bellet

Semper in via Ecclesia Christi...

Toujours en chemin, l'Église du Christ ne peut qu'être sans cesse à l'écoute de l'Esprit, de sorte que le message qu'elle a reçu de son Seigneur ne soit pas diminué ou défait par les vicissitudes des temps. C'est pourquoi il importe qu'au nom même de la mémoire qu'elle doit garder fidèle et intacte, l'Église veille à donner de l'Évangile une présentation telle parmi les hommes qu'il demeure Évangile, c'est-à-dire Bonne Nouvelle.

Or il nous semble que l'humanité en est venue à un moment de bouleversement profond qui, par-delà le développement des sciences et en partie au moins par lui, remet en cause ce qui assurait les humains contre les périls de démesure ou de désespoir qui, de tout temps, les ont menacés. Dans ce bouleversement, les antiques traditions de sagesse et de culture semblent être comme emportées ; les édifices eux-mêmes de la raison moderne, qui faisaient espérer une société meilleure et la paix assurée, paraissent dépassés et impuissants. Une frénésie de réussite et de jouissance qui, livrée à elle-même, conduirait à une violence sans frein, paraît de plus en plus dominer tout.

Dans un tel contexte, l'Évangile semble être, à beaucoup d'esprits, dépassé. Il convient donc aux fidèles du Christ d'en faire resurgir toute la force, non par un vain désir de reconstitution du passé, mais pour offrir à leurs contemporains et à eux-mêmes une interprétation de la situation présente qui, de façon nécessairement inédite, redonne à la condition humaine toute sa grandeur.

Et si l'Évangile paraît ainsi appartenir au passé et n'avoir plus rien à dire qui soit neuf et puissant, c'est pour une bonne part, nous devons le reconnaître, par suite des compromissions des chrétiens avec le monde d'hier et, plus encore sans doute, par une incapacité trop fréquente à affronter courageusement les questions qui deviennent d'autant plus redoutables qu'on a voulu les méconnaître. Les autorités de l'Église elles-mêmes y ont leur part de responsabilité.

Mais, comme disait le pape Léon XIII, l'Église n'a pas peur de la vérité. Si donc l'Évangile s'est trouvé compromis avec nos faiblesses, il convient de regarder celles-ci avec lucidité et courage et d'y porter remède. Car si le Christ a donné au monde la parole qui juge le monde afin que le monde soit sauvé, cette parole n'épargne pas les chrétiens. Bien au contraire, ils se doivent d'être les premiers à l'entendre, afin que non seulement leur vie soit digne de l'Évangile, mais que leur foi elle-même soit sauve des compromis ou des égarements.

Or il se trouve qu'au cours des siècles qui viennent de s'écouler, l'Église s'est trouvée dans une situation difficile. Elle a connu, à l'aube de l'âge moderne, le plus grand malheur qui puisse lui arriver : la division des chrétiens. Comme disait le bon pape Jean XXIII, les torts sont partagés. Et notre vœu le plus cher est que cesse cette division scandaleuse, qui n'a pas été pour peu dans les malheurs qui ont suivi. C'est une tâche ardue, et il serait finalement préjudiciable de la croire simple et aisée, comme s'il suffisait de la seule bonne volonté pour que tous les problèmes soient résolus. Du moins faut-il nous y tenir dans un esprit de dialogue et un désir sans faiblir de parvenir à l'unité.

Mais, dans la situation présente, il apparaît que tous ceux qui vénèrent le nom du Christ ont une tâche plus ardue encore : car il s'est levé, au sein même du monde chrétien, une opposition résolue à l'Évangile et à l'Église, prenant quelquefois prétexte du premier pour accabler la seconde, d'autres fois rejetant tout et détestant l'Évangile lui-même.

Cette opposition n'a pas détruit l'Église, mais il faut bien voir que les dégâts ont été grands, que nous en subissons les effets et que nous rassurer sur le regain d'intérêt qui se manifeste pour la religion serait sans doute nous faire illusion.

L'un des effets les plus fâcheux de ce combat que l'Église a bien dû mener a été de rendre suspecte toute activité de la pensée critique. Si en effet la foi est en péril, que penser de celui qui, s'armant des diverses critiques qui ont successivement paru dans les Temps modernes et les appliquant au christianisme, semble ainsi faire le jeu des adversaires ? Ne convient-il pas, fût-ce provisoirement, de garder toute chose en l'état, tant qu'on n'est pas absolument sûr que la critique laisse intact tout ce qui doit le rester et ne s'applique qu'à ce qui, dans les façons de vivre ou même de penser, est contingent et périssable ? On espère parer ainsi au péril le plus pressant.

Mais il en est un autre auquel, hélas ! on risque de ne pas échapper. La critique, quand elle est honnête, s'inspire du désir de faire la vérité. Elle est œuvre de raison, qui veut séparer le vrai du faux, le réel de l'illusoire, le sain et juste du malsain et du morbide. Une crainte systématique de la critique risque de lui donner en fait un pouvoir plus grand : elle sera le lieu d'une pensée libre et sans compromis, ultime instance de vérité. Et la foi paraîtra, devant la critique, comme une croyance parmi les croyances, soumise à ce redoutable tribunal.

Sans doute, la foi au Christ a en elle de quoi surmonter une situation si déplaisante. Mais, trop souvent, cette situation s'est comme imposée, contraignant les théologiens, qui ont en l'Église charge de pensée, soit à se durcir en des positions finalement indéfendables, soit à se risquer en des adaptations ou aménagements qui compromettaient la justesse de la foi.

Fort heureusement, ce ne fut pas toujours le cas. Et en ce qui concerne en particulier l'Écriture sainte, dont on sait la place absolument décisive pour la foi de l'Église, on a vu celle-ci parvenir à se dégager de cette désastreuse alternative. Par l'encyclique *Divino afflante*, Pie XII mettait fin à de rudes débats, pour reconnaître solennellement que la critique exégétique et historique était pleinement compatible avec la foi chrétienne. Cet exemple majeur montre que l'Église n'a pas fondamentalement peur de la critique. À cet égard, il est très précieux. Mais il nous invite aussi, semble-t-il, à sortir définitivement de cette situation que nous dénonçons où, dans l'ordre si essentiel de la pensée, la foi serait sans cesse soumise aux assauts d'une recherche qui lui est extérieure et ne pouvoir, dans le meilleur des cas, que se révéler finalement compatible avec ce que, hors d'elle, l'esprit et le progrès des sciences ont pu produire.

Or, il nous semble que le temps est venu où la foi, loin de paraître soumise aux idées reçues et comme contrainte de s'en accommoder, peut retrouver cette énergie de pensée dont témoignent, dans sa tradition, les Pères et les Docteurs, qui surent créer ce trésor de doctrine où nous ne cessons de puiser.

Car cet esprit moderne, qui se croyait orgueilleusement capable de juger de tout et de la parole même de Dieu, connaît en lui-même une épreuve de vérité qui l'ébranle jusqu'en ses principes. Certes, les découvertes de la science et les réalisations de la technique sont prodigieuses. Elles ont bouleversé la vie des humains et leur perception du monde. Certes, d'autres progrès, dans les mœurs et le gouvernement des hommes, peuvent faire espérer une amélioration des sociétés humaines, même s'ils sont souvent équivoques et toujours menacés. Et il est tout à fait opposé à l'esprit de l'Église de mépriser ou de rejeter tout ce qui, en l'homme, manifeste la puissance d'intelligence et d'action que le Créateur lui a confiée.

Mais au milieu de ces succès, d'ailleurs inégaux, monte une menace grandissante. Elle se manifeste, en particulier, en ce qui concerne l'écologie. Il s'est répandu, dans la société présente, la conviction que la liberté, principe essentiel, autorise en fait la satisfaction de toutes les envies, et que la technique, devenue toute-puissante, saura toujours y pourvoir. Une telle conception conduit à un mépris décidé de tout ce qui signifierait à l'homme la limite. Or, dans la réalité, la limite est partout. La terre elle-même, notre patrie commune au sein de l'Univers, ne nous offre pas des ressources inépuisables. L'aveuglement des hommes sur leur condition peut ainsi les mener à mettre en péril ce qui leur assure l'existence et jusqu'à cette existence elle-même. C'est pourquoi, après de longues années d'insouciance et d'inconscience, les peuples et leurs gouvernements s'inquiètent enfin et songent à prendre des mesures dont l'urgence ne fait que croître.

Toutefois, il s'agit ici du rapport de l'homme à la nature. Or, il est une autre écologie, dont on ne semble pas encore mesurer l'importance. Elle concerne l'humain lui-même et ce qui, venant jusqu'à lui par une longue genèse historique, lui donne de quoi porter son existence et assure, du dedans, le respect de cet ordre hors duquel il est voué au chaos.

Mais la nécessité d'un tel ordre, si fondée qu'elle soit, peut donner prétexte à des entreprises aberrantes ou monstrueuses, comme le dernier siècle nous en a donné de si sombres exemples. C'est pourquoi il convient que cet ordre ait pour principe ce qui échappe à toute prétention humaine et volonté de domination et ne peut signifier, pour les humains, que liberté, vie, salut. C'est ainsi que la foi reconnaît, au principe de tout, celui qu'elle nomme Dieu. Il ne faut pas une moindre autorité pour que cette écologie humaine résiste à toutes les pressions des intérêts et des envies.

C'est dans un tel esprit que l'Église a manifesté réprobation ou réticence pour certaines initiatives dont le but avoué était de libérer les hommes de contraintes jugées excessives. Quelles que soient, à cet égard, les difficultés qui se rencontrent, il convient en tout cas de percevoir que le principe fondamental, pour l'Église, ne peut être que de protéger l'homme contre tout ce qui peut le détruire, même sous l'apparence de le satisfaire. Et c'est ce qui, de toute façon, ne pourra que s'imposer de plus en plus si l'on ne veut pas voir apparaître de jeunes générations si dépourvues de ce qui donne à l'homme consistance et sagesse, que la société sombrerait dans un chaos propice aux pires aventures.

Toutefois, il faut bien reconnaître que pour beaucoup d'hommes, le nom même de Dieu a perdu toute vigueur. Ce n'est plus l'athéisme, encore que celui-ci ait toujours ses partisans, et qui gardent de l'influence ; c'est plutôt une disparition si complète de ce que signifie Dieu et tout ce qui se rattache à Dieu, qu'il semble ne rester de lui qu'un grand vide. Cependant, aux esprits avertis, ce vide pourrait bien signifier, au cœur de l'homme, une détresse si profonde que plus rien ne pourrait l'exprimer et qu'elle ne serait visible qu'à ceux qui en déchiffreraient les symptômes : la réapparition en l'homme de ce que, précisément, religions et sagesses s'étaient efforcées de surmonter.

L'athéisme militant, dressé contre Dieu et, il faut bien le dire, s'appuyant des faiblesses et des abus qui ont pris Dieu pour prétexte, a pu, dans un premier temps, s'accompagner d'euphorie, comme si l'homme pouvait jouir enfin, par lui-même et pour lui-même, de ce que jusqu'alors on attribuait à Dieu. Mais ce qui vient ensuite, au moins à ceux qui veulent encore penser, est plutôt le sentiment d'une responsabilité extrême, voire d'une condition humaine désespérante.

À l'opposé, il est vrai, il se fait aujourd'hui un mouvement puissant de ce qu'on nomme retour du religieux. L'Église, certes, ne peut à première vue que s'en réjouir. Toutefois, ce retour à Dieu, si l'on peut dire, n'est pas sans poser question. Non seulement parce que, dans une large mesure, il se fait hors de l'Église catholique, voire en opposition à elle, mais parce qu'il ne suffit pas de nommer Dieu ou de l'invoquer pour que ce soit Dieu en vérité. C'est pourquoi l'Église ne peut pas ne pas faire montre d'inquiétude quand ce qui se présente comme retour à Dieu s'accompagne de procédés trop conformes aux pouvoirs de ce temps : l'argent, la propagande, la satisfaction des envies, fussent-elles spirituelles, et une prétention à disposer de Dieu de façon immédiate, toutes choses qui ne paraissent guère conformes à ce qu'est une juste relation à Dieu, à ce Dieu du moins qui se manifeste en l'Évangile.

C'est ainsi que l'Église se bat, en quelque sorte, sur deux fronts : contre ce qui contribue à donner de Dieu une image trop conforme à ce que nous sommes ; contre ce qui méconnaît ou défait cette relation à Dieu qui, lorsqu'elle est en Sa vérité, nous sauve. Elle reprend ainsi ce qui fut, en des temps et circonstances différents, l'attitude de l'apôtre Paul : contre l'incrédulité païenne et contre ce qu'il percevait comme un aveuglement de la vraie religion.

Car le Dieu de l'Évangile, même s'il s'accorde avec ce qu'une juste raison exige, dépasse nos vues humaines et ébranle toute vaine prétention de la raison. Il est pour nous en celui dont saint Paul, encore, dit qu'Il est l'image du Dieu invisible : Jésus Christ et Seigneur. En lui, Dieu se montre comme amour infini des hommes et, par cet amour même, comme celui qui sépare l'homme des puissances de mort et l'introduit dans la vie et la liberté.

Ce ne sont pas là des pensées que l'usure des temps rendrait sans force et épuisées. Cela, pour qui l'entend, est toujours neuf, d'une puissance incomparable créant à chaque moment de l'histoire des hommes cette humanité nouvelle, à la fois donnée dans le Christ et éveillant, en tous et en chacun, l'énergie de l'Esprit capable de changer toutes choses et de délivrer du mal.

Mais cette nouveauté, l'Église a à la vivre aujourd'hui, dans la situation présente, dont nous avons esquissé quelques traits. L'urgence est d'autant plus grande que l'Église ne dispose plus de ce qui, jadis, semblait assurer son autorité et lui garantir une stabilité suffisante pour qu'elle puisse se borner à se maintenir en l'état. L'Église ne dispose plus du pouvoir politique, même indirectement, comme lorsque des États et des gouvernements la soutenaient et la défendaient jusqu'à exercer des mesures rigoureuses contre les hérétiques ou les incrédules. Dans les États démocratiques, même si la religion est reconnue et respectée, l'autorité religieuse ne peut plus faire appel à l'autorité de l'État, sinon pour ce qui concerne l'ordre public. Aucun gouvernement, fût-il composé de catholiques, n'enverra protestants, juifs ou athées, en tant que tels, devant les tribunaux.

Mais, fait plus récent, l'Église n'a même plus le pouvoir religieux. Entendons par là que même parmi ceux qui se disent catholiques, beaucoup se donnent le droit de penser et d'agir comme ils veulent, sans que les autorités de l'Église puissent en rien les contraindre. Naguère, la pression sociale et la soumission intime étaient suffisamment fortes pour que les décisions des responsables de l'Église aient force de loi. Ce n'est plus le cas. Sans doute, bien des catholiques sont encore soumis à ces autorités. Mais c'est d'une soumission toute volontaire, sur laquelle il devient impossible d'exercer quelque contrainte que ce soit.

Qu'on s'en réjouisse ou qu'on le déplore, c'est là un fait ; et tout donne à penser que le processus va plutôt s'accélérant, jusqu'en ces jeunes générations où tout lien à l'Église a disparu et où ce qui reste en elles, peut-être, de la foi, ne peut même plus être reconnu comme chrétien. Mais il n'est peut-être pas fâcheux pour l'Église que le seul pouvoir qui lui reste soit le pouvoir de servir la vérité.

Toutefois, loin de mener au découragement, de telles pensées doivent au contraire susciter un vigoureux réveil de la foi, dans l'action aujourd'hui nécessaire. Et cette action doit s'opérer dans deux directions principales. Si l'Église n'a plus les pouvoirs, la place sociale, les modes de manifestation et de présence qu'elle avait jadis, alors il devient urgent, si elle veut subsister, que soit beaucoup plus vif en elle ce qui, d'après Jésus lui-même, permet à tous de reconnaître qui sont ses disciples : quand ils ont, les uns envers les autres, l'amour dont il les a aimés. Une Église socialement voire politiquement puissante peut en quelque sorte se permettre de tolérer en elle querelles, duretés, injustices ; ce n'est certes pas sans conséquence et c'est, de toute façon, un manque grave à l'Évangile. Une Église offerte, comme aujourd'hui, à tout vent de contestation et à tout risque de défaite ne pourra exister que comme communauté aimante, réalisant aux yeux des hommes la parole de Jésus. Or, nous savons que l'amour lui-même peut être équivoque et illusoire. Il ne manque pas, aujourd'hui, de chrétiens qui s'imaginent aimer et sont, peut-être inconsciemment, dans des relations sociales ou psychologiques dont la vérité, correctement analysée, est tout à fait ailleurs que dans l'amour.

C'est pourquoi, ce qui convient à l'Église est non seulement que les chrétiens exaltent l'amour et qu'ils s'engagent à le vivre de leur mieux ; il faut encore que la foi fasse la vérité de l'amour. Tâche immense, jamais accomplie, où les chrétiens, loin de mépriser ce qui s'en éclaire par les sciences de l'homme et les diverses méthodes d'éducation et de thérapie, doivent s'y engager résolument, quitte à y porter cette critique qui vient du Christ lui-même : car l'Évangile est puissance critique pour toute œuvre humaine, de vie ou de pensée, afin d'y séparer ce qui nourrit les hommes de ce qui est oppression et mensonge.

Une telle œuvre est déjà engagée dans l'autre tâche nécessaire, qui est œuvre de pensée. En fin de compte, le plus grand malheur de l'Église aux siècles précédents, c'est d'avoir laissé la pensée s'éloigner de la foi, et de la foi cherchant l'intelligence. Mais il est sans doute possible que la foi chrétienne puisse retrouver aujourd'hui cette force créatrice qu'elle eut au temps des Pères et au Moyen Âge, à condition de sortir des controverses et des équivoques où elle s'est tristement empêtrée. Une telle œuvre demande une sorte d'héroïsme de la pensée, pour qu'elle soit prête à entendre toute critique, à reconnaître toute difficulté, à supporter toutes les obscurités. Il se peut en effet qu'à vouloir penser aujourd'hui dans la lumière de la foi, certaines vérités de la foi qui paraissaient sinon transparentes, du moins fortement liées à une foi assurée d'elle-même, paraissent devenir étrangement opaques, en sorte que l'épreuve de la nuit, qu'ont connue tant de saints, prend comme un degré ; ce n'est plus seulement chemin nocturne, c'est, semblerait-il, comme absence de chemin. Mais cela même est ce que la foi, comme lumière au principe, est capable de porter. Car c'est de traverser cette ténèbre, à la façon du Christ en son agonie ou des apôtres en la nuit de sa mort, que peut venir vers nous, de l'inaccessible où nous ne pouvons pénétrer, la lumière de la Vie.

Ce qui se propose ainsi comme tâche pour l'Église est une œuvre gigantesque qui demande à la fois audace et humilité, fermeté et large ouverture. C'est pourquoi il convient qu'elle se fasse en esprit de dialogue, entre chrétiens d'abord et avec tous les hommes. Il convient en même temps qu'elle se fasse avec rigueur, sans aucune concession ni compromission avec ce qui, sous prétexte de conformité avec les idées en vogue, confondrait le dialogue avec l'absence de pensée.

À cet égard, il est peu de questions aussi graves et urgentes que celles qui concernent la sexualité. Autant il est vain d'espérer que l'Église règle ses préceptes sur les mouvements de l'opinion, autant il est vain de croire qu'il suffit de répéter des maximes jugées traditionnelles pour répondre avec justesse aux questions posées. Car, pour reprendre un mot du cardinal Congar, qui fut un des grands ouvriers du concile Vatican II, condamner une solution n'est pas faire disparaître un problème. Dans cette affaire comme en toutes, l'Église ne peut avoir qu'une règle de conduite : faire progresser la vérité. Et il est certain que si, comme nous le dit l'Évangile, la vérité de la relation est essentiellement l'amour ou charité dont le Christ nous a aimés, il est hors de doute qu'une vue renouvelée de cette vérité fondatrice, confrontée avec ce que divers progrès de la connaissance de l'homme ont pu nous enseigner, ne peut que rendre plus juste, plus vivante et plus vraie cette relation de l'homme et de la femme, qui s'inscrit dans l'œuvre de Dieu dès les premières pages de la Genèse.

L'Église ne peut que désirer, en toute chose humaine, l'amour plus grand. Croire que cela peut se faire sans renoncement à nos violences et nos illusions relève d'une naïveté dangereuse. Mais cela ne peut se faire que dans le respect et, nous osons dire, dans la vénération de ce corps voué, par la volonté de Dieu, à la résurrection. Il importe donc que, pour tout ce qui concerne le désir et la chair, la parole de l'Église corresponde à ces trois principes auxquels se référait saint Paul dans sa première épître aux Corinthiens et qui inspiraient ses directives : l'amour, la paix, la vérité. Inspirons-nous du réalisme de l'apôtre, dans les conditions qui sont les nôtres.

D'aucuns peuvent craindre, il est vrai, que dans une telle œuvre et dans d'autres semblables, la tradition de la foi soit ébranlée. Or, il est d'une importance certaine que rien de ce qui la constitue en sa substance ne soit imprudemment menacé. Mais cela n'interdit aucunement de trouver à la foi des expressions neuves, comme aussi bien le firent, avec une audace admirable, les Pères et les Docteurs de l'Église. Ce n'est aucunement rejeter le passé. Mais c'est, appuyés sur ce que nous héritons de lui, donner à cet héritage la vigueur nouvelle qui lui permettra de subsister parmi les hommes. Il convient donc à ceux qui, dans l'Église, désirent penser avec vigueur la situation présente, et cela est ouvert à tous, de se tenir avec une égale ardeur dans l'écoute de la parole vivante, dont l'Écriture avec l'Église porte témoignage, et dans la création audacieuse de ce que le monde attend, pour que la lumière de l'Évangile y brille à nouveau dans sa bienheureuse clarté.

Mais cela ne peut se faire avec justesse que dans cette humilité où l'absence de prétention n'est pas faiblesse d'esprit mais, comme cela est exigé dans les sciences elles-mêmes, obéissance à ce qui s'impose et courage de reconnaître ses erreurs.

Aussi bien, si nous disons que l'Église n'a d'autre pouvoir que celui de la vérité, ce pouvoir ne lui appartient aucunement, il ne peut être en elle que service, écoute attentive de la parole évangélique et, au-delà, de toute parole humaine quand elle témoigne de la vérité. Car l'esprit de Dieu est libre et parle par qui il veut.

C'est pourquoi il paraît juste et opportun que surgissent aujourd'hui dans l'Église des hommes et des femmes résolus, prêts à l'œuvre nécessaire, capables, par la grâce de Dieu, de porter et surmonter les épreuves qu'une telle œuvre ne peut manquer de provoquer, car il serait bien vain d'espérer que ce que durent connaître le Christ lui-même et les Apôtres nous soit étrangement épargné. Et l'épreuve peut-être la plus dure est celle qui nous étreint lorsqu'il nous semble que nous sommes, trop inégaux à ce que l'Esprit saint attend de nous, ou que nous sommes au milieu des périls divers qui nous assaillent, comme abandonnés de Dieu.

L'Église attend et espère que se lèvent en elle des initiatives comparables à celles que prirent hardiment François d'Assise, Ignace de Loyola et tant d'autres. Car il n'en est point de l'Église comme de ces systèmes trop humains, où le pouvoir suprême décide de tout. C'est au sein du peuple fidèle, et souvent parmi les plus humbles, que l'Esprit se plaît à commencer ce qui sera joie pour l'Église et salut pour les humains.

Du moins pouvons-nous indiquer à quelles exigences il semble que l'initiative aujourd'hui nécessaire doive correspondre.

Que ce soit dans une écoute toujours plus profonde et plus attentive de l'Évangile ; mais que cette écoute inspire une pensée qui soit, dans le monde contemporain, l'aurore d'une nouvelle sagesse, capable d'affronter les plus rudes questionnements pour y tracer la voie où l'homme pourra surmonter les découragements et les violences incontrôlables où la défaite de pensée pourrait l'entraîner.

Que ce soit dans une fidélité sans faille à l'Église ; non point par un conformisme ou un esprit de corps qui confondraient l'Église avec un parti ou un groupe – et du coup jugerait nécessaire de n'y rien critiquer de ce que font et pensent ses membres –, mais plutôt avec l'audace de la charité, qui ne craint rien tant que le mensonge où mène une excessive complaisance.

Que la pensée neuve et le mode de vie nouveau soient comme offerts à tous les hommes, pour qu'ils y trouvent chemin de vie et de vérité ; non pour les faire entrer dans des façons de vivre ou de penser qui ne soient point les leurs, mais pour que dans leur lieu propre, leur culture et leur tradition, advienne ce qui les mènera jusqu'à la plénitude de ce que nous contemplons dans le Christ, et qui dépasse infiniment toute image et idée que nous en avons.

Que donc il y ait, dans ce qui naîtra ainsi, grande ouverture et dialogue généreux, accueil de toute entreprise et de toute pensée qui soient, sans réserve, consacrées au bien des humains. Car il est vrai que dans le temps où nous sommes, la nécessité croît que tous ceux et toutes celles qui gardent au cœur le sens de la fraternité et le goût de la liberté puissent rassembler leurs forces, pour que les puissances de mort ne nous entraînent pas vers l'abîme.

Ainsi notre foi au Christ et l'amour qu'il nous donne de vivre ne seront plus et n'apparaîtront plus comme ce qui serait l'affaire particulière des chrétiens, mais par une foi et un amour plus grands, ce qui ne cesse d'offrir à tous les humains l'espérance de vivre, par-delà tout ce qui travaille à leur chute.

Ainsi, frères et sœurs bien aimés, devons-nous travailler de toutes nos forces à faire advenir ce que nous demandons à notre Père : que ton règne vienne, que ta volonté soit faite, toi qui veux que tous les hommes soient sauvés. Les temps peuvent nous paraître durs, ils l'ont toujours été, malgré les apparences. Il nous suffit que nous soit donné chaque jour notre pain quotidien, la grâce de la présence en nous du Christ Sauveur. Et les difficultés mêmes où nous sommes seront l'occasion d'une foi plus grande et d'une espérance raffermie.

Si...

Si vous vous sentez nul et lamentable, avec une vie morne devant vous ou une vie ratée derrière vous, n'en croyez rien. Car même si c'est vrai, ce n'est pas la vérité, la vérité de vous-même, si vous pouviez ôter cette pancarte qu'on vous a mise dans le dos et connaître, au fond de vous, votre désir et vos dons.

Combien de fois a-t-on vu des gens réputés médiocres ou incapables – échec scolaire, pauvre boulot, misères affectives – se révéler, quand l'événement le leur a offert, capables, efficaces, généreux, héroïques ? Ne vous mettez pas vous-même à la poubelle.

Et même si, selon les critères que l'on admet aujourd'hui, vous êtes en effet nul et lamentable, cela ne vous juge pas. Il suffit que vous ayez au cœur l'unique étincelle, la source cachée, la graine qui n'a pas trouvé terre où pousser, pour que vous ayez à plein la dignité humaine.

Et qui sait le fruit d'une vie ? Il y a des gens brillants, dont la réussite est futile ou désastreuse, et des inconnus qui ont dit un jour la parole juste à celui ou celle qui, à partir de là, a créé une œuvre incomparable.

Si vous croyez en Dieu, sachez que croire en Dieu est croire qu'il vous est donné de vivre, et que ce don vous justifie, et qu'à partir de là vous saurez bien donner le fruit qui est le vôtre, peut-être peu visible, peut-être bien peu de chose aux yeux du monde, mais qui sait ? peut-être plus grand que vos espoirs.

Si vous êtes vieux, usé, las, déprimé, sans goût et sans vigueur, malade sans espoir de guérir, blessé dans votre chair, dans votre âme, quelle autre issue que l'amertume ou la glissade vers le néant ?

Mais il se rencontre des gens ainsi navrés, et qui pourtant sont paix et joie, pour eux-mêmes et pour d'autres. Comment font-ils ? Quelle source ont-ils découverte qui donne cette eau pure ? Non pas dans un fracas de cataracte ou dans l'énormité de l'Amazone, mais comme le mince filet que donne la fontaine, si précieuse à la soif.

Ils ont quitté notre prison commune. Ils ont laissé leur bagage à la consigne d'une gare d'où le train ne part jamais. Ils sont la frugalité même : l'envie avide les a quittés. Ils sont si pauvres que leur parole ou leur sourire est un trésor. Mystérieusement, ils aiment la vie. Ils l'aiment par-delà ce que nous avons fait de nos vies, comme le don de cette présence que la mort même ne détruit pas. Ils sont déjà sur l'autre rive du fleuve d'éternité.

Quelle grandeur ! Quelle beauté !

Si votre passé est lourd, très lourd, inavouable, criminel (mais oui, cela arrive), alors la tentation des tentations est de lui rester fidèle, ficelé dans le sentiment d'être indigne de vivre, d'aimer et d'être aimé, d'agir et d'enfanter.

Mais si vous en êtes sorti, si vous êtes sur le chemin d'en sortir, n'êtes-vous pas au cœur de ce qui fait l'humain de l'homme ? Et davantage ?

Car il y a deux interprétations d'un passé infâme : ou bien tout ce que vous êtes vous y ramène, ou bien parvenir à en sortir vous justifie par-delà toute justice.

Car ce qui juge un être humain, hors de tout jugement de ce monde, c'est le chemin qu'il fait. Ceux qui viennent de l'abîme, s'ils arrivent jusqu'au seuil de la vérité, n'est-ce pas chose prodigieuse ?

Même le mal où vous avez plongé se transmue en grâce. Il vous donne de comprendre et d'accueillir ceux d'en bas ; il vous garde à jamais de la prétention du pharisien. Il va même nourrir, d'une expérience irrécusable, ce que vous ferez et direz.

Et il y a plus de joie dans le Ciel pour un qui revient des terres de la mort que pour quatre-vingt-dix-neuf qui sont restés à la maison.

Si vous habitez l'inextricable, la situation pas possible, infernale, sans issue, si vous êtes déchiré entre des amours incompatibles, ou bien jeté dans des tâches impraticables, ou avec une foi qui vous paraît morte alors que vous la désirez tant, ou encore... Ah ! il y a tellement de figures possibles de cet état-là, de ce déchirement.

On peut nier. On peut se faire une vérité qui écrasera celui ou celle qui empoisonne la vie. Trancher ce qu'on ne peut dénouer. Haïr plutôt que souffrir.

Mais ce n'est pas ce que vous souhaitez. Vous souhaitez défaire le nœud, aimer tout le monde et que tout le monde vive, trouver la solution.

Mais il n'y a pas de solution.

De quoi vous anéantir. Fuir n'importe où, n'importe comment. Boire sans fin la coupe d'amertume.

Pourtant, pourtant l'inextricable peut être le lieu du grand passage. Exiger sans pitié que vous sortiez du monde qu'on vous a fait ou que vous vous êtes fait. Vous mener en amont ou plus haut que toutes les solutions : dans un choix désarmé, un choix pur, sans appui ni justification, condamné à faire ce que vous pouvez selon ce qu'il vous est donné de voir, sans même savoir si vous voyez juste, ni où vous mène ce chemin hors de tous les chemins qui sont dessinés sur les cartes.

Mais il peut arriver qu'allant par là, vous traciez le chemin nouveau, qui sera utile à tant d'autres.

Si vous êtes en bas, dans l'en bas de l'en bas, nuit sans lumière, pas la nuit mystique, qui a sa grandeur, mais la pauvre nuit des découragés, sans le soutien de la foi, sans la joie du don, sans dignité, sans rien. Mis dehors, avec les déchets d'humanité, dans l'innommable, dans l'inavouable, absent à tout, n'existant plus pour personne, anéanti à vos propres yeux, toute médecine impuissante, toute justification impossible – n'eût-il pas mieux valu n'être pas né ?

On vous explique votre cas. Et l'on peut même en donner un sens spirituel : épreuve, épreuve ! Comme du Christ en croix.

Il y a ceux qui dissertent sur ce grand mystère de la Rédemption. Il y a ceux qui contemplent avec ferveur ce supplicié en qui ils voient leur Sauveur. Il y a ceux qui courent au secours de tous les crucifiés du monde. Mais ces belles choses ne sont pas pour vous.

Car vous, vous y êtes, sur la croix.

C'est pourquoi quiconque vous rencontre, s'il a un peu le sens des choses, voit en votre visage le visage de l'Unique.

LE VOYAGE

DÉPART

En ce départ, nul n'a à dire d'où il vient.

On peut tout soupçonner, mais on ne soupçonne pas, car ce serait manquer à la règle première : nul ne sera jugé par nul autre.

Chacun arrive seul et devra seul marcher. Pourtant, en ce voyage, nul n'est solitaire.

On ouvre les cartes : elles ne disent rien. Il n'y a point de chemin sur la carte.

Et quel bagage ? Pas de bagage. Quasiment nus, comme à la naissance. Pourtant, assez vêtus pour le respect réciproque. Mais sans rien qui ne distingue ni ne donne rang.

Où nous allons, l'argent ne peut rien. Pas plus qu'à un voyageur qui traverserait l'Alaska hors les routes et les villes. L'argent, ici, n'est qu'une histoire folle qui se raconte ailleurs.

Et quel sera notre savoir, notre méthode, notre brillante technique ? Pas de technique, pas de méthode, pas de savoir. Nous n'aurons de science, nous les ignorants, que celle qui nous viendra au jour le jour, dans la ferveur de midi ou l'ombre protectrice de la nuit.

Nous n'avons ni avion, ni TGV, ni autre train, ni automobile, pas même cheval et carriole ; un âne, peut-être, à la rigueur, humble porteur de bagage. Car ce sont nos pieds qui nous portent et qui, en quelque sorte, inventent la route.

Et où allons-nous ? Nous n'avons là-dessus que le réconfort d'une très ancienne parole : « Abraham partit sans savoir où il allait, c'est pourquoi il était dans la vérité. »

SANS RETOUR

Mais quoi, mais quoi, ne faut-il pas savoir où l'on va ? Sinon, quel risque de tourner en rond ! Sans but et sans chemin, ne sommes-nous pas perdus d'avance, voués à la faim, aux fauves, à l'affreuse détresse du chaos ?

Nous avons un but et nous sommes en route. Mais notre voyage est sans retour.

Ulysse revient à Ithaque. L'Exode d'Israël est un retour vers la terre des patriarches. Thalassa ! Thalassa ! Ainsi criaient les soldats grecs redécouvrant la mer bienheureuse qui les ramènerait chez eux.

Nous ne reviendrons pas. Nous allons vers la terre inconnue d'où nous vient, par instants, ce souffle qui libère notre corps des entraves et de la monstrueuse fatigue.

Nous n'avons d'autre assurance que le feu qui s'est allumé en nous, flamme claire, puissante et douce, où nous trouvons notre nourriture.

Derrière nous sont les terres de la mort. Ne te retourne pas, camarade ! tu serais pétrifié d'horreur et de terreur. Car le feu est tombé sur l'ancien monde, l'autre feu qui déchire et réduit en cendres.

Ah ! il est bien vrai que nous sommes sur cette crête de vertige : entre ce qui derrière nous se défait et ce qui devant nous n'apparaît encore que comme un songe, quand délivrés du poids du jour, nous laissons venir en nous les puissances de l'Ailleurs.

DEHORS ET DEDANS

Ceux qui nous voient, que voient-ils ?

Ils voient des gens ordinaires, qui mangent comme eux, qui travaillent comme eux, qui ont comme eux famille, amis, entourage ; qui ont les mêmes épreuves, de maladie, de deuil, de manques et détresses en tous genres. Humains parmi les humains.

Où est notre différence ? La secte nous fait horreur. L'esprit de parti nous est odieux. Nous détestons la suffisance du pharisien.

Dirons-nous que notre différence est au-dedans, que du dehors on n'en voit rien ? Que notre vraie vie est toute intérieure ? Mais l'artifice et le faux peuvent être aussi grands dedans que dehors !

La vraie différence sépare tout de tout. C'est une odeur, de vie ou de pourriture, un ton, de musique heureuse ou de bruit massacreur, une lumière qui donne à l'éclat du jour et à l'obscur de la nuit un je-ne-sais-quoi où nous trouvons l'allégresse du regard. C'est une bienveillance qui ne pèse pas, une écoute qui libère la parole, une parole qui se fait écoutante, une tendresse que rien ne rebutera, un pardon donné d'avance et qui ne réclame rien.

Et voilà le miracle : c'est que cette différence ne sépare pas. Elle est l'accueil lui-même, le flux de tendresse où tout humain, venant à rencontre, pourra goûter sa propre vie.

C'est qu'au cœur de la différence se tient l'abîme invisible, où a eu lieu le grand combat, et ce qui voulait notre mort s'est effondré, comme la pierre se disloque sous la poussée de l'arbre naissant.

LES SIGNES DU CIEL

Le ciel, au-dessus de nous, n'est pas le ciel des astronomes. Celui-ci est encore trop près, malgré les milliards de galaxies. Il est encore de notre monde. Notre ciel est d'une autre distance : aucun engin télescopique ne peut l'atteindre.

De sorte que, pour nos regards habitués, il n'est rien.

Mais là où nous sommes engagés, il est ce vide prodigieux qui nous protège du terrible mur de fer toujours prêt à tomber sur nous.

Aussi attendons-nous les signes du Ciel. Vieille espérance des humains, même les incrédules en sont mal guéris. C'est pourquoi, si le vide du Ciel reste vide, notre pouvoir d'imaginer s'empresse de le remplir. Et si, décidément, l'image d'en haut s'épuise, reste à en tirer, en bas, tout ce qu'on peut. Nous nous ferons le paradis.

Qui garde en cette aventure son regard tourné vers le Ciel, son oreille ouverte à la parole qui ose en venir, celui-là a franchi la frontière extrême.

L'image est morte. L'idée s'est épuisée. Les merveilleuses ascensions de l'âme sont transies de vertige. Il faut renoncer aux signes du Ciel.

Le seul signe est en bas, là où aucun amateur du

céleste ne songe à l'y trouver. Le Ciel par-dessus les cieux est dans cet en bas de nos vies humaines, quand s'opère la fracture irréparable, et que dans le je-ne-sais-quoi où s'éveille l'être de chair et de sang, l'abîme du vide devient plénitude.

LES VISAGES ET LES VOIX

Notre joie est dans les visages que nous nous donnons les uns aux autres ; dans les visages, dans les voix et les paroles, et dans toute la présence qu'il est donné à notre corps de donner.

Et nous nous contons des histoires. Les histoires, c'est le fond de l'homme.

À chacun sa vérité. Non pour se faire son petit jardin entouré de grillage, ou sa boutique, mais pour que le chemin que nous partageons trouve en nous le son juste. Car nous sommes l'orchestre où chaque instrument a le son qui lui est propre et la partition qui lui convient.

À chacun sa vérité, dans l'histoire qu'il peut conter et qui peut prendre toute forme.

Ainsi aurons-nous entre nous la grâce de la conversation, et quelquefois ou souvent, à deux, dans telle relation opportune, où la parole vient à elle-même et défait les liens infernaux.

TRAVERSÉE : LE DÉSERT

Notre voyage n'est pas d'affaires ou de tourisme. Hors catégorie. Nous serions plutôt comme cet officier polonais déporté en Sibérie, qui s'évada et traversa l'Asie, et le désert de Gobi, pour rejoindre la liberté. Voyage impossible.

Mais il n'y a pas de loi. Pourquoi certains n'auraient-ils pas la grâce de s'avancer parmi les jardins, dans une campagne paisible ? D'autres sont voués au désert. Le désert n'est pas nécessairement sec et nu, il peut être montagne, vallée, tout paysage y est bon. Il suffit qu'il n'y ait personne et rien à manger.

Le désert est aussi bien la pensée aride et le cœur froid, que le tourbillon frénétique des envies et des peurs, l'esprit noyé dans l'angoisse.

Nous n'avons pas la spiritualité du désert. Car même si le désert peut à certains, pour un temps, être un lieu d'austère béatitude, notre désert est le lieu de la faim et des fauves.

C'est alors que l'absence de carte et de signe devient intolérable. Oh ! comme il est désirable, comme il est urgent que viennent alors l'aide, la présence amicale, et que d'autres soient sûrs de nous quand nous doutons totalement de nous-mêmes !

C'est l'heure où le Sage des sages implore ses amis de veiller avec lui – et ils dorment.

C'est l'heure aussi où peuvent venir les pensées folles, et la plus folle de toutes, une volonté de puissance, de domination, de victoire, prête à se servir de tout et à tout écraser pour cet assouvissement prodigieux que donne l'ivresse du pouvoir. Compenser à fond ce que nous avons subi.

Mais le chemin est de tenir, tenir avec patience, marcher, se laisser porter par ce qui en nous est encore souffle et espérance.

TRAVERSÉE : LES VILLES

Quand, la nuit tombée, apparaît au loin, dans la *meseta* aride, Salamanque illuminé, quelle joie ! Ô villes ! lieux humains par excellence, maisons, palais, maisons communes, temples ou basiliques, rues et commerces, places, écoles, théâtres, musées ! Au bord, se tiennent les ateliers. Autour, autrefois, les remparts, protection contre les hordes sauvages (ce temps reviendra-t-il ?).

Nous entrons dans la ville et nous en goûtons les merveilles. L'art et le savoir s'y déploient ; et, si les choses vont bien, c'est gaieté fraternelle, échange, rencontre, longues conversations autour d'une table ou dans les jardins.

Mais que sont les villes devenues ?

Elles sont devenues monstrueuses, millions et millions d'humains entassés. Non plus le corps bien bâti d'une société humaine, mais d'énormes cancers. Tout leur bruit n'est que néant. Toute leur électricité finit par servir la ténèbre. Les fantômes qui grouillent dans cette cuve n'ont plus que l'écorce humaine. Dedans est l'absence.

L'iniquité y est absolue. La férocité humaine n'y a plus l'excuse du manque. L'énorme poubelle où se gâchent nourriture et produits est juste à côté des affamés, qui n'ont droit qu'à se regarder mourir.

Le monde entier sera bientôt, non plus le village planétaire, mais cette ville monstrueuse, où la nourriture poussera en usine et laboratoire, où tous seront enclos dans ce délire qui les aura rendus aveugles.

Notre colère est absolue. Elle se fait sévère envers ces révolutionnaires d'hier qui ont gâché l'espoir. Ils ne sont pas allés assez loin, ils ont trop accepté, dans leur ferveur de tout changer tout de suite. Nous serons plus patients, parce que plus radicaux.

LA DEMEURE

Au désert, la demeure est une tente. En la ville, serait-ce le temple ? Mais le temple, c'est nous, c'est tous ceux-là, hommes et femmes, qui sont marqués de la traversée et font, ensemble, cet édifice invisible et merveilleux, pierres vives dont le ciment est leur mutuelle tendresse.

Dans la maison commune, nous avons réjouissance à nous retrouver. La loi qui nous tient ensemble est au-delà du devoir et du droit ; elle a la force d'une loi de nature ; elle est notre être au monde, notre bienheureuse proximité, le sol solide sur lequel enfin nous marchons, la lumière en nos cœurs.

Nous y trouvons les choses de la vie, les biens nécessaires : l'eau, qui lave et abreuve ; le vin, qui est joie ; la nourriture, qui vivifie ; tout ce qui, en somme, fait de nos corps notre présence. Mais la présence y est si forte qu'elle emporte tout et change tout. Et ce qui nourrit les convives est bien autre que ce qui nourrit le chien ou l'oiseau.

Notre demeure est l'humanité tout entière, elle est toute la terre et tous les cieux, avec un désir puissant que tout vienne à fruit, que la puissance de vie que nous sentons en nous soit comme le levier qui soulèvera le monde.

Si l'on dit que tout cela est folie, nous répondrons que la première folie des humains, c'est d'être nés.

LE CŒUR ET LE PRINCIPE

Ce que j'évoque maintenant est si difficile à notre pensée, que les computations les plus abstruses ne sont rien en comparaison. Et c'est le simple du plus simple, qu'un enfant sait.

Car nous aurons besoin d'une science assez étrange, qui n'ait pas peur des contradictions les plus rudes : où monter c'est descendre et aller au plus loin, revenir à la source ; rassembler tout et tous, c'est trancher avec la lame la plus dure.

Le principe est en amont de tout savoir. Même le savoir du non-savoir y trébuche. C'est pourquoi le principe est aussi bien ce en quoi s'illumine tout visage d'homme, pourvu que la lumière soit en nous.

C'est en amont du commencement, par-delà la fin, au-dessus de l'en haut, plus profond que l'en bas, et c'est ce qui est là, tout du long, en la plus humble des choses, en le plus commun des gestes.

Il y faut la mémoire la plus ardente et le très grand oubli, qui donne aux choses de venir à neuf. Il y faut une liberté que rien n'arrête et le très humble respect de ce qu'il nous est donné d'entendre, voir et toucher.

C'est pourquoi encore paix et joie peuvent

demeurer par-dessous toutes les tempêtes, comme le fond du fond où toute sagesse se nettoie et où toute croyance flambe, dans l'avènement de ce qu'enfin nous sommes, nous, les humains.

Recueil de facéties à longue portée

Quand les novices rient,
le diable pleure.
(Vieux proverbe des monastères)

De l'humour, oui.
De l'ironie, parfois.
De la dérision, jamais.

L'HUMANITÉ

Il y a deux sortes d'êtres humains :
ceux qui n'en finissent jamais de commencer
et ceux qui ne commencent jamais.

Il y a deux sortes de gens sur qui l'on ne peut pas compter :
ceux qui ne savent pas : ils ne savent pas
ceux qui savent : ils n'apprendront rien.
Sur qui donc peut-on compter ?
Sur ceux qui savent qu'ils ne savent pas.

On passe sa vie à apprendre
des choses qu'on savait déjà.

ଓ

Il y a deux sortes d'écrivains :
ceux qui n'ont qu'une chose à dire
et qui la répètent tout le temps,
ceux qui n'ont rien à dire et qui répètent les autres.

ଓ

Argumenter avec la bêtise, c'est labourer le ciment.

ଓ

L'opposé de l'intelligence, ce n'est pas le senti,
le vécu,
l'affectif, la poésie, la mystique.
L'opposé de l'intelligence, c'est la bêtise.

ଓ

Quand la bêtise se mêle de penser,
les dégâts sont incommensurables.

☙

Il y a un corps obscur de la pensée claire.

☙

Ça peut se lire dans les deux sens :
Vu de loin, c'est faux, mais vu de près, c'est vrai.
Vu de près, c'est faux, mais vu de loin, c'est vrai.

☙

La conscience de l'ignorance
Croît comme le carré du savoir.

☙

Penser, c'est risquer.
Quelle tête aurait fait Socrate,
si le petit esclave avait inventé
la géométrie non euclidienne ?

☙

L'être humain est le seul animal
qui sait faire la différence
entre l'eau plate et l'eau bénite.
(Un généticien)

ꟹ

Que pensez-vous de quelqu'un qui,
ayant une tâche à faire,
la décompose en une série de gestes
dont il fait la liste et qui,
pour être sûr de ne rien oublier,
veut que quelqu'un lui lise la liste
et en pointe chaque article ?
Deux possibilités : ou c'est un obsessionnel grave,
ou bien c'est un pilote de ligne.
Où est la différence ?

ꟹ

Un homme monte sur les tréteaux
et se met à crier qu'il est le roi.
Ou c'est un délirant,
ou bien c'est un acteur qui joue *Le roi Lear.*
Où est la différence ?

☙

Quelqu'un invite les gens à venir chez lui
pour lui dire, en payant, des obscénités.
C'est un pervers ou bien un psychanalyste.
Où est la différence ?

☙

Du philosophe Léon Brunswicg :
« Si la bonne volonté pouvait suppléer
au manque d'intelligence,
le monde aurait été sauvé plusieurs fois. »

☙

« Un égoïste, c'est quelqu'un
qui ne pense pas à moi. » (Oscar Wilde)

☙

« La démocratie est le pire
système de gouvernement,
à l'exception de tous les autres. » (Winston Churchill)

☙

« Il faut mourir jeune, mais le plus tard possible. »
(Oscar Wilde)

ᘓ

Le premier médecin du corps, c'est le corps.
Le premier médecin de l'âme, c'est la parole.

ᘓ

Si vous voulez aider l'ami – ou le patient –
au fond de sa détresse,
restez au bord du cratère !

ᘓ

Il y a des choses graves
Où la seule mesure, c'est l'excès.

ᘓ

Le discours savant sert à deux choses :
développer la science,
masquer les tristes limites de ce qu'on croit savoir
(et faire taire quiconque les apercevrait).
La proportion est variable.

Le bon médecin s'occupe de la maladie,
mais aussi de la santé.

Quand je suis hargneux, ou désobligeant,
ou irritable,
cela ne se passe pas entre toi et moi,
mais entre moi et moi.

Si un logiciel superpuissant
pouvait reproduire parfaitement
les mouvements de la plume de Shakespeare
écrivant *Hamlet*,
nous aurions enfin
l'explication scientifique de *Hamlet*,
puisque nous maîtriserions le mode de production.
Plus besoin de lire le texte : quelle économie !
Remplacez la plume de Shakespeare par le cerveau
et vous aurez l'explication matérialiste de la pensée.

2 + 2 = 4,
plus le travail de l'addition.
N'oubliez jamais l'ouvrier...

☙

L'Argent est paranoïaque. C'est un délire.
Qu'il soit partagé, qu'il soit tout-puissant,
cela ne le guérit en rien.

☙

Dis-moi de quoi tu parles.
Que tu sois pour ou contre, je te dirai où tu es.

☙

La guerre est belle dans l'*Iliade*,
pas sur le terrain.

☙

Puisque, dit le proverbe,
le pire n'est pas toujours sûr,
on doit penser que le meilleur
est toujours possible.

“*L’avenir n’est plus ce qu’il était.*”
(Richard FARIÑA)

En politique, pour avoir raison, il faut deux choses.
Premièrement, avoir raison.
Deuxièmement, gagner.

Le sceptique sait que rien n’est sûr,
sauf que tous les autres se trompent.

Redoutables vieillards.
Après 80 ans, on dit ce qu’on pense,
on fait ce qu’on veut, on se fait servir.

Quand on se fait vieux et qu'on rencontre un ami,
on a trois minutes pour se plaindre.
Pas du tout : c'est jouer faux.
Davantage : c'est se rendre insupportable.

☙

On peut pardonner aux vieillards leur égoïsme :
ils ont des motifs.
Mais leur égocentrisme est insupportable.

☙

Une grande philosophie est une autobiographie,
élevée à la dignité du concept.

☙

Avec l'inconscient, trois possibilités :
savoir que l'inconscient est inconscient ;
croire qu'on sait ce qu'il y a dedans
quand on a lu Freud (ou Lacan) ;
s'imaginer que ça n'existe pas.
Dans le premier cas, on a une chance, modeste,
qu'il vienne à en paraître un bout.

☙

L'illusion est souvent mère de la vérité,
mais l'accouchement peut être long et difficile.

Méfiez-vous de celui qui se croit sans illusion.
Il est victime de la pire,
qui est précisément de se croire tel.
Car s'il y a les illusions du désir,
il y a aussi celles du découragement
ou du scepticisme.

MORALE

Le code de la route ne vous dit pas
où vous devez aller,
ni avec qui, ni dans quel but.

ଓ

La coque de la noix est bien utile
pour que la noix vienne à fruit.
Mais il ne faut pas manger la coque.

ଓ

Nous devons agir en conscience.
Tout faire pour l'éclairer, c'est vrai.
Mais en ultime instance, c'est la conscience qui juge.
Applications...

« Nourrir ceux qui ont faim ! »
Mobilisez vos vertus pour le faire,
disait ce prédicateur.
Et si ça ne suffit pas, mobilisez vos vices.
Mais faites-le.

« Appuyez-vous bien sur les principes :
ils finiront par céder. »
(Oscar Wilde)

J'ai naguère indiqué
les quatre choses que nous avons à éviter :
nous plaindre, nous irriter,
nous presser, nous inquiéter.
La formule mnémotechnique est commode
mais peu élégante ;
c'est P.I.P.I.

Le premier service qu'on peut rendre aux autres,
c'est d'être heureux.
Car le malheureux, même s'il ne le veut pas,
fait peser sur les autres son malheur.

Le devoir sans le désir est triste.
Le désir sans le devoir est fou.

Il y a un moralisme qui ressemble
à la chimiothérapie du cancer à ses débuts :
pour tuer un désir suspect,
il préfère tuer tout désir.

Pécher contre la chair n'est pas en jouir.
C'est la blesser.

Ne jamais se laisser détruire.
Ni détruire personne, autant qu'il dépend de nous.
Voir ce qui est possible et le faire.

La maman appelle Paul, qui joue au foot :
« Paul, viens étudier ton piano ! »
Mais il y a deux cas de figure :
ou bien Paul est musicien, un vrai petit Mozart,
et sa maman le pousse vers lui-même.
Ou bien, pas du tout,
c'est seulement que maman voulait être pianiste,
et maman le tire vers elle-même.

Ce que tu peux faire de bon pour autrui,
fais-le de ton mieux et de bon cœur.
Ce que tu ne peux pas faire,
n'en aie ni remords ni angoisse.
C'est entre les mains de Dieu.

Les défenseurs de la liberté
sont capables d'obéir quand la liberté l'exige.
Les farouches défenseurs de l'autorité
sont incapables d'obéir,
si l'autorité ne les approuve pas.

ꕥ

M. Perrichon, d'après Labiche :
« Je n'oublierai jamais que je vous ai sauvé la vie. »
Il y a un symétrique :
« Je ne vous pardonnerai jamais
d'avoir eu des torts envers vous. »

ꕥ

Jeu de l'oie de la culpabilité :

Case départ : Je dois quelque chose à quelqu'un (quoi ? à chacun de remplir la case).
Case 2 : Je suis incapable de lui donner la chose en question (pourquoi ? à chacun de remplir la case).
Case 3 : Je me sens coupable.
Case 4 : Puisque je n'y peux rien, j'en veux à l'autre de me sentir coupable.
Case 5 : Je me sens coupable de lui en vouloir.
Case 6 : Je fais quand même la chose en question, pour sortir de là.
Case 7 : Ça rate.
Case 8 : Je me sens coupable d'avoir raté.
Case 9 : Retour à la case départ.

De Françoise DOLTO à un de ses patients :
« C'est de votre fait,
mais ce n'est pas de votre faute. »

La faute n'est pas si grave.
La preuve, c'est que je l'ai commise.

HUMILITÉ

Nous devons avoir assez d'humilité
pour supporter l'humiliation de paraître orgueilleux
à tous les imbéciles qui ne savent pas faire
ce que nous, nous savons faire.

☙

L'humilité est réservée aux gens très forts.
Les autres doivent se contenter de l'orgueil
dont ils ont besoin
pour faire ce qu'ils ont à faire.

☙

Un menuisier peut être vantard
devant ses camarades, sa femme et ses enfants.
Mais il sera humble devant ses planches.
Sinon, sa menuiserie ne durera pas longtemps.

☙

L'humilité est la seule vertu absolument sûre,
parce que c'est la seule
dont on ne peut pas se vanter.

☙

Notre Seigneur est si amoureux de l'humilité
qu'il met au hasard
que nous perdions toutes les autres vertus
pour conserver celle-ci.
Il a permis par Sa Providence
que plusieurs ont perdu la chasteté.

Comme la chose peut paraître forte,
je donne la référence :
François de Sales, *Entretiens spirituels, Appendice I*,
dans *Œuvres*, Pléiade, p. 1326-1327.

☙

CHARITÉ

Si je vous aime, disait ce bon paroissien,
sachez que désormais
ce sera uniquement par charité chrétienne.

ꕤ

Dis-moi comment tu aimes,
je te dirai qui est ton Dieu.

ꕤ

Le détachement chrétien
est un attachement si grand à ceux qu'on aime
qu'on est prêt à perdre sa vie pour la leur donner.

Du film *Mash*.
Le chirurgien dans la zone de combat
reçoit une masse de blessés.
Le brave homme d'aumônier lui propose son aide.
« Pas aujourd'hui, répond le chirurgien.
Aujourd'hui, mon Père,
je n'ai pas le temps. »

Mieux vaut se faire plaisir à soi-même
que faire de la peine à autrui.
On le voit par l'inverse :
de ces gens qui préfèrent se faire de la peine
plutôt que de faire plaisir à autrui.

Je veux qu'on m'aime.
Si c'est nécessaire, j'irai, pour être aimé,
jusqu'à aimer les autres.

Faites aux autres
ce que vous voulez qu'ils vous fassent.
Sauf si vous êtes masochiste.

La pire façon de mentir,
c'est de dire faussement la vérité.
Par exemple, dire : Dieu vous aime
à quelqu'un qu'on n'aime pas du tout.

À la fin de son roman *Les fiancés*,
Manzoni raconte que le seigneur d'une ville
offre à deux pauvres paysans leur repas de noces.
Il pousse la charité chrétienne
jusqu'à les servir à table.
Ensuite, il va déjeuner.
Pourquoi ne déjeune-t-il pas avec eux ?
Il avait assez de charité, dit Manzoni,
pour se mettre au-dessous de ces gens-là,
mais tout de même pas à leur niveau.

LA VIE PARFAITE

La perfection selon l'Évangile,
c'est ne pas juger et donner du fruit,
c'est-à-dire nourrir ceux qui ont faim.
Mais de Jésus, les bien-pensants disaient :
c'est un goinfre et un buveur.

ꟹ

Ce qu'on peut reprocher à l'Église envers le sexe,
ce n'est pas son moralisme,
son spiritualisme, son idéalisme –
c'est son matérialisme.
Le sexe est une chose.

ꟹ

Qui quitte sa femme ou son homme
pour en rejoindre un ou une autre,
dit Jésus, est adultère.
Car Adam et Ève furent un,
au jour de la Création.
Mais suffit-il d'être collés l'un à l'autre,
par contrat et par habitude,
pour être un comme au premier jour ?

J'avais faim, dit Jésus,
et vous m'avez donné à manger.
Nous avons trouvé plus évangélique :
J'avais faim et vous m'avez dit :
Bienheureux les pauvres.
J'étais nu, et vous m'avez dit :
Regardez les lis des champs.
En prison et vous m'avez dit :
la vérité vous rendra libres.

Je suis toujours perplexe
quand des chrétiens font mieux que Jésus Christ.

Puritains et libertins sont ennemis à mort,
mais ils habitent à la même adresse.
Pour eux, la chair est sans amour.

Au moment de sa Passion,
le Christ ne se flagelle pas lui-même.
La mortification qu'on lui inflige
lui paraît suffisante.

On peut tout offrir à Dieu,
c'est une façon de supporter l'insupportable.
Tout, sauf le mensonge.

Les religieux : pauvres ? Pas toujours.
Mais communistes, oui.

Les vœux religieux
sont assurément grande et belle chose.
Mais il ne faut pas qu'ils s'abîment. Parce qu'alors :
La pauvreté,
c'est d'appartenir à une communauté assez riche
pour n'avoir rien à demander.
La chasteté c'est,
pour éviter tout attachement suspect,
de n'aimer absolument personne.
L'obéissance,
c'est se préserver du désir et de l'invention,
qui sont malheureusement
les deux moteurs de l'activité humaine.

☙

Un bon bénédictin (ou laïc apparenté)
est un bon chrétien.
Un bon franciscain, un bon jésuite,
un bon dominicain... : *idem*.
Un bon chrétien est un bon... quoi ?
On ne sait pas.

☙

Le prêtre doit être un lion en chaire,
un agneau au confessionnal.
(Folklore ecclésiastique)

ꕤ

La semence ne peut donner qu'un fruit et un seul.
Ne cherchez pas des poires sur un pommier !

ꕤ

D'un vieux sage de l'Orient lointain,
parlant des Occidentaux
et de leurs tourments d'âme :
« Ces gens-là rangent les chaises
sur le pont du *Titanic.* »

ꕤ

La sainteté à l'usage de tous,
c'est la bonne humeur et la bonne entente.

ꕤ

Quand la chose devient si sérieuse
qu'il n'est plus possible d'être sérieux,
reste encore la possibilité d'en parler de biais
et comme pour rire.

PRIÈRE

Quand, par exemple,
on s'ennuie mortellement à l'église :
Je viens
tel que je suis
et j'attends.
C'est à Lui, s'Il le juge bon, de s'occuper de moi.

☙

De François de Sales :
« La contemplation a toujours cette excellence
qu'elle se fait avec plaisir. »

☙

Il est aussi déplacé de réfléchir quand on prie
que de prendre des notes en faisant l'amour.

Quelques prières sincères qu'il faut pourtant éviter :

Mon Dieu,
faites que je réussisse
en ce que vous me donnez à faire,
afin que je puisse vous rendre grâces
et piétiner joyeusement tous mes rivaux.

Mon Dieu,
donnez-moi cette merveilleuse paix intérieure
de ceux qui n'ont rien à faire et personne à charge.

Mon Dieu,
je vous remercie de n'être pas comme ce pharisien
et de m'avoir donné l'humilité afin de compenser,
par cette vertu,
mon incapacité à pratiquer les autres.

Mon Dieu,
je pardonne du fond du cœur
à ceux qui m'ont fait du tort.
Je leur souhaite même le plus grand bien

et que pour leur plus grand bien,
vous ne les épargniez pas.

Mon Dieu,
puisqu'il faut nous aimer les uns les autres
et qu'il y a quantité de gens que je déteste
ou qui m'indiffèrent,
donnez-moi du moins
de faire comme si je les aimais.

Mon Dieu,
je crois qu'il faut croire tout ce que l'Église enseigne.
Mais quant à le croire tout court et pour de bon,
j'en suis bien incapable.

Mon Dieu,
vous avez permis que je sois méchant et stupide,
que je fasse le mal et manque le bien,
que je gâte tout, abîme tout,
que je manque à tous mes devoirs.
Mais, mon Dieu,
je ne vous en veux pas.

Mon Dieu,
faites que ceux que j'aime
voient leurs désirs enfin réalisés
sans que j'aie du tout à m'en occuper.

L'ÉGLISE

La crise financière
ne supprime pas l'économie ou l'argent.
Les crises de l'Église ne suppriment pas l'Évangile.

☙

Dieu peut bénir des choses
que l'Église ne saurait approuver.
(D'un vieux vicaire épiscopal nourri d'expérience)

☙

Il y avait, au moment du grand schisme,
trois papes qui s'excommuniaient mutuellement.
Ça n'empêchait pas les chrétiens d'être chrétiens.

☙

Mènerons-nous la croisade par mer
ou par voie de terre ?
Quand les zouaves pontificaux
auront-ils enfin délivré les États du pape ?
Il arrive que les problèmes soient datés...
Cela peut arriver aux nôtres.

☙

L'Église, c'est les gens,
avec en plus le Saint-Esprit.

☙

Certains, et certainement par bonnes intentions,
ont mis les grandes vérités au congélateur
pour qu'elles ne pourrissent pas.
Elles se sont conservées,
mais elles sont immangeables.

☙

L'Église,
c'est que je ne peux pas être seul devant Dieu.

La seule chose impérissable, dans l'Église,
c'est *agapè*,
l'amour fidèle et tendre
que nous goûtons entre nous.
C'est d'ailleurs par cela, disait Jésus,
que tous connaîtront
que vous êtes mes disciples.

L'Église, a-t-on dit, doit passer au monde.
Où était-elle avant ?

THÉOLOGIE

Dieu existe-t-Il ?
C'est une question d'homme.
Dieu ne se la pose jamais.

Il n'y a que deux excuses à parler de Dieu :
le plaisir et la nécessité.
Tous les autres motifs sont fâcheux,
spécialement le devoir et l'intérêt.

À quoi sert Dieu ?
Question scandaleuse.
Mais Dieu fait homme s'est fait notre serviteur.

☙

« Dieu ne juge pas. »
(Entendu d'une pieuse religieuse, qui avait connu les pires épreuves,trois jours avant sa mort)

☙

Le Christ au désert a connu trois tentations :
premièrement, le pouvoir ;
deuxièmement, le pouvoir ;
troisièmement, le pouvoir.
Du sexe et de l'argent, il ne fut pas question.

☙

Faire un cours sur les miracles
est sans doute intellectuellement plus relevé
que de dire simplement au paralytique :
Lève-toi et marche !

☙

Il y a des gens très instruits en matière de doctrine,
intraitables sur la Trinité et autres mystères.
Mais il y aurait 17 personnes en Dieu
que ça ne changerait rien à leur façon de penser
ni à leur façon de vivre.

ꟹ

Il y a deux sortes de théologiens :
ceux qui parlent des incroyants
à d'autres théologiens,
ceux qui parlent aux incroyants.

ꟹ

La mariologie de saint Paul est fort brève.
Dans l'épître aux Romains :
Jésus est né d'une femme.
C'est l'essentiel.

ꟹ

Il y a une théologie
selon laquelle Dieu parle mais ne pense pas,
car c'est le théologien
qui fait penser la parole de Dieu.

☙

Jésus a dit :
manger sans s'être lavé les mains,
cela ne souille point l'homme.
Alors, il est contre l'hygiène ? Non, bien sûr.
Aujourd'hui, le disciple de Jésus,
propre et hygiénique,
sait qu'il faut se laver les mains
avant de passer à table.
Mais si l'on commence
à prendre le contraire de ce qu'il a dit,
où va-t-on s'arrêter ?

☙

Il y a la parole.
Il y a ceux qui écoutent la parole
et la répètent comme ils peuvent.
Il y a ceux qui commentent
ceux qui ont écouté la parole.
Il y a ceux qui discutent des commentaires
de ceux qui commentaient
ceux qui ont écouté la parole.
Il y a finalement ceux qui passent à autre chose.

Je ne vois pas en quoi Dieu peut trouver plaisir
à priver de plaisir ses pauvres créatures.

Si vous voulez comprendre
ce qu'est le péché originel,
vous pouvez relire la Genèse
ou l'épître aux Romains.
Si ce n'est pas assez clair, ouvrez le journal.

Si vous voulez connaître Mozart,
vous avez le choix entre :
lire sa biographie,
lire une étude musicologique exhaustive,
écouter son concerto n° 20 pour piano
ou le *Requiem* ou *Don Giovanni*...
Choisissez.
Ensuite, faites ce genre d'exercice
à propos, par exemple, de Jésus Christ.

Théologie trinitaire de poche :
Il n'y a pas de chemin.
Il y a toujours un chemin.
Les chemins sont incomparables.
Pas de chemin : Dieu est par-delà tout.
Toujours un chemin : si je crois au Fils de l'Homme.
Chemins incomparables :
car l'Esprit unifie en se diversifiant.
Ainsi les quatre évangiles.

CS

La foi dit : Jésus est Dieu.
Si vous partez de Monsieur Jésus
et d'un principe métaphysique,
ça casse toujours à la soudure.
Mieux vaut partir de Jésus Christ,
pour comprendre à la fois et Dieu et l'humain.

CS

De François de Sales :
« La charité est la vraie théologie
qui rend doctes les ignorants,
sans livres, sans précepteurs, sans art. »

Jésus,
dans ses « Révélations » à sainte Gertrude
(morte en 1334) :
« Ni de Salomon ni de Judas
je ne te dirai ce que j'ai fait,
pour qu'on n'abuse pas de ma miséricorde. »

Cité par Marcel Pagnol
dans *Lectures pour tous*, n° 139,
juillet 1965, p. 57 (!!)

Un honnête prélat se plaint au Saint-Esprit :
Il nous fallait, Saint-Esprit,
une vie de Jésus (une seule !),
une dogmatique, une morale, un rituel,
un droit canon et un catéchisme pour le bon peuple.
Et tu as inspiré la Bible :
quelle confusion, quel désordre !
Sujet de dissertation pour les étudiants de théologie :
rédigez la réponse du Saint-Esprit.

Si vous croyez voir le ciel au-dessus de vous,
« si bleu, si calme », avec Dieu dedans,
méfiez-vous.
Le ciel pourrait virer au noir.

La piété a si bien recouvert de confiture
les paroles de Jésus
qu'on ne sait plus à quel point elles sont salées.
La théologie a si bien mouliné la pensée de Jésus
qu'on a perdu son goût si fort du paradoxe.

Un athée ne peut être que théologien :
il faut bien qu'il sache de quel Dieu il ne veut pas.

Que Tu sois !

ACTION

L'idée était merveilleuse,
la réalisation remarquable,
le résultat est nul.

On trouve des gens qui disent ce qu'il faut faire,
ce qu'il faudrait faire,
ce qu'il aurait fallu faire, ce qu'il ne faut pas faire.
C'est, souvent ou quelquefois, très bien vu.
Et il y a les gens qui font.
Ce n'est jamais très bien fait.
Mais du moins, c'est fait.

Les malheurs de l'humanité viennent,
par ordre de gravité croissante :
du crime organisé,
de la bêtise des honnêtes gens,
du manque d'imagination.

ꟹ

Méthode des gens de bien (d'après le Père Lebret) :
Ne pas fixer les buts.
Ne pas prendre les moyens.
Échouer.
Accuser les méchants.
S'en remettre à la Providence.

ꟹ

Si l'on est contre les voitures à chevaux,
il y a deux façons d'agir :
critiquer, attaquer, détruire les voitures à chevaux.
Ou bien : inventer l'automobile.

ꟹ

Avez-vous saisi ?
Oui, mais j'ai lâché tout de suite.

☙

Quand quelqu'un prend, au nom de sa foi,
des initiatives risquées,
grave alternative : est-ce le Saint-Esprit ?
Est-ce sa pathologie ?
L'ennui, c'est que ce peut être les deux.
(Voyez les vies de saints...)

☙

Dénoncer est bien.
Analyser est mieux.
La minute de vérité, c'est :
et maintenant, qu'est-ce qu'on fait ?

☙

Vient un moment où il faut renoncer
à faire ce qu'on ne peut pas faire,
sous peine de ne pas faire ce qu'on peut faire.

☙

Les choses se sont suffisamment aggravées
pour que l'espoir soit permis.

Table des matières

DU MÊME AUTEUR

La voie, DDB, nouvelle édit. 2000.

L'amour déchiré, DDB, 2000.

La quatrième hypothèse. Sur l'avenir du christianisme, DDB, 2001.

La nuit de Zachée, DDB, 2003.

Le paradoxe infini, DDB, 2003.

Invitation. Plaidoyer pour la gratuité et l'abstinence, Bayard, 2003.

Passer par le feu, Bayard, 2003.

La traversée de l'en-bas, Bayard, 2005.

Le meurtre de la parole ou l'épreuve du dialogue, Bayard, 2006.

Le Dieu sauvage. Pour une foi critique, Bayard, 2007.

Dieu, personne ne l'a jamais vu, Albin Michel, 2008.

« Je ne suis pas venu apporter la paix... », Essai sur la violence absolue, Albin Michel, 2009.

Achevé d'imprimer en France en août 2010
Dépôt légal : septembre 2010 — N° d'impression :